Kunterbunte Holzideen

Die Suche nach einem Geschenk kann große Mühe machen. Manch einer quält sich tagelang mit der Frage, was er schenken soll. Aber ich kann mir eine Welt ohne kleine Gaben und Präsente nicht vorstellen. Man denke nur an Weihnachten, Familienfeste und Geburtstage!

Kleine Dinge, die von Herzen kommen, sind immer willkommen. Und was ist schöner als ein Geschenk, das selber ausgesägt und mit Liebe bemalt wurde? In diesem Buch finden Sie viele originelle Ideen, die Freude machen. Schauen Sie doch mal rein.

Gutes Gelingen und viel Spaß beim Basteln und Schenken!

Es grüßt Sie

Andrea Hochstrat

Die Motive lassen sich in folgende Schwierigkeitsgrade unterteilen:

● ○ ○ einfach ● ● ○ etwas schwieriger ● ● ● anspruchsvoll

IHRE GRUNDAUSSTATTUNG

Diese Materialien und Hilfsmittel sollten Sie zur Hand haben. Sie werden für die meisten Motive in diesem Buch benötigt und sind in den Materiallisten der einzelnen Modelle nicht mehr aufgeführt.

- Birkensperrholz in verschiedenen Stärken
- Acrylfarbe in verschiedenen Farben
- Lackmalstift in Schwarz, ø 0,8 mm oder ø 2 mm (je nach Motivgröße)
- wasserfeste Dickschichtlasur oder Klarlack
- Rundpinsel, Stärke 1, 3 und 5
- Flachpinsel, Stärke 12
- Wasserglas
- Holzleim (wasserfest)
- Kraftkleber
- Laub- oder Dekupiersäge
- Sägeblätter für Holz, Stärke 3 und 5
- Bohrmaschine und Holzbohrer
- Schleifpapier, Körnung 120 bis 160
- Schleifklötzchen
- weiches Tuch
- Bildaufhänger mit Klappöse oder doppelseitiges Klebeband
- Hammer
- Kneifzange
- Bügeleisen

So wird's gemacht

1 Vorder- und Rückseite des Sperrholzes mit Schleifpapier glätten. Das Motiv für die Vorderseite aus dem Vorlagenbogen ausschneiden und mit der bedruckten Seite nach unten auf das Holz legen.

2 Das Bügeleisen bei mittlerer Hitze kurz aufsetzen (nicht kreisen) und an einer Ecke testen, ob genügend Farbe übertragen wurde. Wenn nicht, den Vorgang wiederholen.

1

3 Nun das Motiv mit der Laub- oder Dekupiersäge aussägen. In engen Kurven auf der Stelle sägen und das Motiv drehen. Bei Innenausschnitten ein kleines Loch in die Fläche bohren und das Sägeblatt durchführen. Die Fläche entlang der Kontur aussägen und heraustrennen.

4 Erforderliche Bohrungen durchführen. Ecken und Kanten mit Schleifpapier glätten. Mit einem weichen Tuch die Holzteile entstauben.

5 Die Holzteile von vorn, hinten und an den Seiten mit verdünnter weißer Acrylfarbe (1 Teil Wasser auf 2 Teile Farbe) grundieren und gut trocknen lassen. Dadurch werden die fertigen Modelle haltbarer und die Farben leuchten schöner.

6 Zuerst die Ränder, dann die Vorder- und ggf. die Rückseite entsprechend der Vorgabe bemalen. Für schöne Übergänge die Farben nass in nass arbeitet. Für saubere Farbgrenzen zuerst die eine Farbe auftragen und gut trocknen lassen, dann die zweite Farbe auftragen.

7 Die Farben über Nacht gut trocknen lassen. Mit Lackmalstift die Konturen und Innenlinien nachziehen. Zuletzt wasserfeste Dickschichtlasur oder Klarlack auftragen.

Tipps: **Wenn Sie Ihre Modelle im Freien verwenden wollen, müssen Sie unbedingt wasserfest verleimtes Sperrholz verwenden und das gesamte Motiv mit wasserfester Dickschichtlasur überziehen.**

Legen Sie beim Bohren immer ein Stück Restholz an der entsprechenden Stelle unter das Werkstück, damit das Holz auf der Rückseite nicht ausreißt.

Maritimes Türschild

→ Willkommen an Bord!

MOTIVHÖHE
ca. 24,5 cm

MATERIAL

- Sperrholz, 6 mm stark, 23,5 cm x 22 cm (Schilder)
- Sperrholz, 4 mm stark, 20 cm x 11,5 cm (Motive)
- Acrylfarbe in Weiß, Gelb, Rot, Blau und Schwarz
- Aludraht in Hellblau, ø 1,5 mm, 2 x 5,5 cm lang
- Bohrer, ø 2 mm

VORLAGEN-BOGEN 1

1 Die einzelnen Teile aussägen, die Löcher für den Aludraht bohren und die Kanten glätten. Die Holzteile beidseitig mit verdünnter weißer Acrylfarbe grundieren.

2 Auf die Schilder zunächst nochmals Weiß auftragen und vorsichtig mit etwas Blau schattieren. Nach dem Trocknen die weißen Kästchen aufmalen, danach den Rand dunkelblau ausmalen.

3 Für die Matrosen Hautfarbe aus Weiß, etwas Gelb und wenig Rot mischen. Gesichter und Hände damit bemalen. Die schwarzen Schuhe mit etwas Weiß aufhellen. Entsprechend der Abbildung Hose und Tuch mit Rot und Weiß, die Jacke mit Blau und Gelb bemalen. Den roten Anker mit ganz wenig Blau schattieren und mit etwas Gelb aufhellen.

4 Nach dem Trocknen die Konturen und Innenlinien mit Lackmalstift nachzeichnen. Den Schriftzug auf das Schild schreiben. Die Motivteile mit Kraftkleber zusammenkleben. Den Aludraht von hinten durch die Löcher ziehen und vorne um einen dünnen Stift locken.

Tipp: Wenn Sie das Schild im Freien aufhängen wollen, sollten Sie es unbedingt mit Dickschichtlasur vor der Witterung schützen.

WILLKOMMEN

Dekoratives fürs Bad

→ bringt Farbe in den Alltag

MOTIVHÖHE
Schild ca. 18 cm
Zahnputzuhr ca. 17 cm

MATERIAL
SCHILD
- Sperrholz, 6 mm stark, 18 cm x 18 cm
- Acrylfarbe in Weiß, Gelb, Orange, Rot und Grün

ZAHNPUTZUHR
- Sperrholz, 6 mm stark, 17 cm x 16 cm
- Acrylfarbe in Blau, Gelb, Grün, Orange, Schwarz und Weiß
- Sanduhr mit Befestigungsöse, ca. 6 cm groß
- Bohrer, ø 2 mm

VORLAGENBOGEN 1

Schild

1 Das Motiv aussägen, die Kanten glätten und mit verdünnter weißer Acrylfarbe grundieren. Trocknen lassen.

2 Das „W" gelb anmalen und in die noch nasse Farbe Streifen in Orange und Rot malen. Das „C" orangefarben anmalen, das untere Ende mit roten und gelben Schattierungen versehen.

3 Das Guckloch mit brauner Farbe aufmalen. Dazu etwas Rot mit Grün und Gelb mischen. Verschiedene Grüntöne anrühren und die Vögel damit gestalten. Nach dem Trocknen die Konturen und Innenlinien mit Lackmalstift nachzeichnen.

Zahnputzuhr

1 Das Motivteil aussägen, das Loch einbohren, die Kanten mit Schleifpapier glätten und das Motiv mit verdünnter weißer Acrylfarbe grundieren. Trocknen lassen.

2 Die Maus mit grauer Farbe gestalten. Dafür Weiß mit etwas Blau und wenig Schwarz mischen. Den grünen Becher zur Mitte hin mit Weiß und Gelb aufhellen. Die Zahnbürste bekommt zum unteren Rand hin einen orangefarbenen Schatten.

3 Mit Lackstift die Konturen und Innenlinien nachzeichnen. Die Sanduhr mit der Befestigungsöse im Bohrloch befestigen.

Witziger Stundenplan

→ für einen besseren Überblick

MOTIVHÖHE
ca. 24 cm

MATERIAL
- Sperrholz, 4 mm stark, 24 cm x 25 cm (Schild) und 24 cm x 16 cm (Motivteile)
- Acrylfarbe in Weiß, Gelb, Rot, Blau und Schwarz
- Tafellack in Schwarz

VORLAGENBOGEN 1 + 2

1 Die benötigten Teile aussägen und die Kanten mit Schleifpapier glätten. Die Vorderseiten mit verdünnter weißer Farbe grundieren. Trocknen lassen

2 Das Schild gelb anmalen und trocknen lassen. Anschließend den Rand blau ausmalen. Für den Jungen Acrylfarbe in Hautfarbe (Weiß, Gelb und Rot), Braun (Rot, Blau und Gelb) und Hellblau (Weiß und Blau) mischen. Den Jungen und den Stift wie in der Abbildung bemalen.

3 Das Grau für die Maus mit Weiß, etwas Blau und etwas Schwarz mischen. Die Maus und die Bücher wie in der Abbildung bemalen. Nach dem Trocknen die Konturen und Innenlinien mit Lackmalstift nachzeichnen.

4 Die Täfelchen mit Tafellack bemalen und über Nacht trocknen lassen. Den Lack mit feinem Schleifpapier anschleifen, eine zweite Schicht auftragen und trocknen lassen. Die Täfelchen und die Maus mit Kraftkleber aufkleben. Die Wochentage mit Lackmalstift auf das Schild schreiben.

Tipp: Der Stundenplan ist nicht nur für die Schule geeignet. Als Wochenplaner ist er auch für Erwachsene eine nette Gedächtnisstütze.

MONTAG
Reli
DIENSTAG
Sport
"
MITTWOCH
Kunst
"
Förder
DONNERSTAG
Sachk.
"
FREITAG
Förder

Bärenstarkes Schlüsselbord

→ da findet alles seinen Platz

MOTIVHÖHE
ca. 24 cm

MATERIAL
- Sperrholz, 6 mm stark, 24 cm x 37 cm
- Acrylfarbe in Weiß, Gelb, Rot, Blau und Dunkelgrün
- 5 Haken mit Schraubgewinde, ø 1 cm
- 2 Bilderösen, 1,3 cm x 1,8 cm
- Bohrer, ø 1 mm

VORLAGENBOGEN 4

1 Das Schild und den kleinen Hund aussägen, die Löcher einbohren und die Kanten glätten. Ränder und Vorderseite mit verdünnter weißer Acrylfarbe grundieren und trocknen lassen.

2 Wiese und Hügel bemalen. Dazu das Dunkelgrün mit Gelb und Weiß mischen, sodass ein Farbverlauf von Dunkel- nach Hellgrün entsteht.

3 Für die Bären und den Hund Gelb mit etwas Rot, ganz wenig Blau und Weiß mischen. Die Farben nass in nass auftragen. Für die Baumstämme noch etwas Rot und Blau in die braune Farbe geben, sodass der Farbton dunkler wird. Mit dem Rest die Nasen aufmalen.

4 Das Grün der Blätter mit Gelb und Weiß aufhellen. Die Grashalme mit Dunkel- und Hellgrün gestalten. Nach dem Trocknen mit Weiß und Gelb einzelne Blüten aufmalen und weiße Lichtflecken auf die Nasen setzen. Alles trocknen lassen.

5 Konturen und Innenlinien mit Lackmalstift nachzeichnen. Die Haken in die Löcher schrauben. Den Hund mit Kraftkleber aufkleben. Zuletzt auf der Rückseite die Bilderösen festnageln. Dazu eventuell die Nägel mit der Kneifzange kürzen, damit sie vorn nicht aus dem Holz herausragen.

MOTIVHÖHE
ca. 30 cm

MATERIAL
- Sperrholz, 6 mm stark, 20 cm x 13,5 cm
- Acrylfarbe in Weiß, Gelb, Orange, Blau und Dunkelgrün
- Aludraht in Dunkelblau, ø 1,5 mm, 3 x 5,5 cm lang
- Bohrer, ø 2 mm

VORLAGENBOGEN 2

Türschild

→ **Nestbewohner stellen sich vor**

1 Das Schild und die Herzen aussägen, die Löcher einbohren und die Kanten glätten. Die Teile von allen Seiten mit verdünnter weißer Acrylfarbe grundieren.

2 Den unteren Teil des Schildes mit Grün bemalen, nach oben hin die Farbe mit Gelb und Weiß aufhellen. Die Büsche mit Dunkelgrün bemalen.

3 Die großen Vögel mit Blau bemalen und mit Weiß aufhellen. Den kleinen Vogel und die Schnäbel mit Gelb bemalen und mit Orange schattieren. Für das Braun der Füße etwas Orange mit ganz wenig Blau mischen.

4 Die Herzen wie in der Abbildung nass in nass mit Blau, Grün, Gelb und Weiß bemalen, sodass die Farben ineinander fließen und eine interessante Farbstruktur entsteht. Gut trocknen lassen.

5 Mit schwarzem Lackmalstift die Konturen und Innenlinien nachzeichnen. Die Schilder beschriften. Zuletzt die einzelnen Teile mit Aludraht verbinden. Dazu den Draht von hinten durch die Löcher stecken und die Enden mit einem Schaschlikstäbchen locken.

Kleine Gedächtnisstütze

→ Platz für Notizen

MOTIVHÖHE
ca. 33 cm

MATERIAL
- Sperrholz, 6 mm stark, 35 cm x 40 cm (Schild)
- Sperrholz, 6 mm stark, 12 cm x 30 cm (Motivteile)
- Acrylfarbe in Weiß, Gelb, Rot, Blau, Grün und Schwarz
- Tafellack in Schwarz

VORLAGENBOGEN 4

1 Den separaten Katzenkopf zunächst entlang der unteren Kante aussägen und auf den Katzenkopf des Schildes leimen. Gut trocknen lassen. Dann das Schild samt Katzenkopf sowie die Maus aussägen und die Kanten glätten.

2 Alles mit weißer verdünnter Acrylfarbe grundieren. Trocknen lassen. Das Schild gelb bemalen und oben und unten mit ganz wenig Rot schattieren.

3 Für die Katze Gelb mit Rot und wenig Blau mischen und das Fell damit gestalten. Für die Schnauze noch etwas Gelb und Weiß dazumischen. Für die Nase und die Ohrmuscheln noch etwas Blau und Rot zugeben. Die Pfoten und die Schwanzspitze mit Weiß bemalen und den Übergang zum dunkleren Fell gut verstreichen.

4 Für die Maus Weiß, etwas Blau und wenig Schwarz mischen. Blätter und Grashalme mit Grün aufmalen, mit etwas Weiß und Gelb aufhellen oder mit ganz wenig Rot und Blau abdunkeln. Die Blüten mit Rot, Weiß, Blau und Gelb ergänzen.

5 Nach dem Trocknen den Tafellack auftragen und über Nacht trocknen lassen. Den Lack etwas anschleifen und eine zweite Schicht auftragen. Mit Lackmalstift die Konturen und Innenlinien nachzeichnen. Die Maus mit Kraftkleber aufkleben.

18.06
Blumen
abh.

Sportliche Mäuse

→ für Fußballfans

MOTIVHÖHE
ca. 34 cm

MATERIAL
- Sperrholz, 6 mm stark, 40 cm x 40 cm
- Sperrholz, 6 mm stark, 7,2 cm x 37,6 cm (Boden)
- Acrylfarbe in Weiß, Gelb, Rot, Blau, Grün und Schwarz
- 6 Holzkugeln, ø 2 cm
- 6 Rundstäbe, ø 6 mm, je 5 cm lang
- Bohrer, ø 6 mm

VORLAGENBOGEN 3

1 Die einzelnen Teile aussägen, die Löcher einbohren und die Kanten mit Schleifpapier glätten. Mit Holzleim die Ablage wie in der Abbildung zusammenfügen. Alles mit verdünnter weißer Acrylfarbe grundieren und gut trocknen lassen.

2 Die gesamte Garderobe bis auf die Motive und die Haken hellgrün bemalen und mit Gelb und Weiß Akzente setzen. Den Fußball mit Weiß und einem Hauch Blau schattieren, die Farbe gut trocknen lassen, dann die schwarzen Felder aufmalen.

3 Die Mäuse mit Weiß, wenig Blau und etwas Schwarz bemalen und trocknen lassen. Dann mit Blau, Rot, Gelb und Weiß die Kleidung aufmalen. Das gelbe Hemdchen mit etwas Rot, das rote Hemdchen mit etwas Blau schattieren.

4 Weiße Lichtflecken auf die Nasen setzen. Die Blümchen mit Grün, Weiß und Gelb gestalten. In die Holzkugeln vorsichtig kleine Vertiefungen bohren und die Kugeln weiß bemalen.

5 Die Rundholzstäbe in die Kugeln leimen und in den vorgebohrten Löchern der Garderobe fixieren. Mit Lackmalstift Konturen und Innenlinien nachzeichnen. Auf die weißen Kugeln ein schwarzes Feld malen, damit sie wie Fußbälle aussehen.

Tipp: Das Fußballfeld kann auch als Türschild für Jungs gearbeitet werden. Dazu einfach die Vorlage der Rückwand mit dem Kopierer etwas verkleinern und mit Lackstift den Namen in die Wiese schreiben.

VfB STUTTGART

Frecher Mäusepirat

→ ein Türschild für wilde Kerle

MOTIVHÖHE
ca. 11 cm

MATERIAL

- Sperrholz, 6 mm stark, 11 cm x 18 cm (Schild)
- Sperrholz, 4 mm stark, 8,5 cm x 18 cm (Motiv)
- Acrylfarbe in Weiß, Gelb, Rot, Blau, Schwarz und Grün

VORLAGENBOGEN 3

1 Die Teile aussägen und die Kanten glätten. Alles mit verdünnter weißer Acrylfarbe grundieren und trocknen lassen.

2 Das Schild mit Weiß und Gelb bemalen, am Rand mit etwas Rot und Blau schattieren. Die Flasche mit Weiß bemalen und mit Grün schattieren.

3 Die Maus mit Weiß, wenig Blau und Schwarz bemalen. Das Tuch mit Rot, Schwarz und Weiß gestalten. Auf die Nase einen weißen Lichtfleck setzen. Nach dem Trocknen mit Lackmalstift die Konturen nachzeichnen. Das Motiv mit Kraftkleber auf dem Schild fixieren.

Tipp: Der kleine Mäusepirat ist auch ein tolles Geburtstagsgeschenk für Kinder – vor allem, wenn ein Piratenfest gefeiert wird.

Königliches Türschild

→ hier thront eine kleine Maus

MOTIVHÖHE
ca. 17 cm

MATERIAL
- Sperrholz, 6 mm stark, 17 cm x 13 cm (Schild)
- Sperrholz, 4 mm stark, 10 cm x 14,5 cm (Motiv)
- Acrylfarbe in Weiß, Gelb, Rot, Blau und Schwarz

VORLAGENBOGEN 1

1 Die Teile aussägen und die Kanten glätten. Alles mit verdünnter weißer Acrylfarbe grundieren und gut trocknen lassen.

2 Blau und Weiß mischen und das Schild damit bemalen. Nach dem Trocknen gelbe Kringel und Punkte aufmalen. Für den Thron Gelb und wenig Rot zu Orange mischen. Die Ränder mit Rot und Blau schattieren.

3 Die Krone mit Gelb bemalen und mit einem Rest Orange schattieren. Die Maus mit Weiß, etwas Blau und wenig Schwarz bemalen. Die Nase mit Schwarz, den Lichtfleck mit Weiß gestalten.

4 Mit Lackmalstift die Konturen und Innenlinien nachzeichnen und das Schild beschriften. Beide Teile mit Kraftkleber zusammenkleben.

Hühner, Hasen, Möhren & Co.

→ für einen bunten Ostertisch

MOTIVHÖHE
Serviettenhalter ca. 11,5 cm
Eierhalter ca. 7 cm

MATERIAL SERVIETTENHALTER
- Sperrholz, 6 mm stark, 20,5 cm x 23 cm
- Sperrholz, 6 mm stark, 20,5 cm x 3 cm (Boden)
- Acrylfarbe in Weiß, Gelb, Rot und Blau
- Aludraht in Dunkelblau, ø 1,5 mm, 4 x 5 cm lang
- Bohrer, ø 2 mm

EIERHALTER
- Sperrholz, 12 mm stark, 12 cm x 7 cm (je Eierbecher)
- Acrylfarbe in Weiß, Gelb, Rot, Blau und Grün
- Aludraht in Dunkelblau, ø 1,5 mm, 2 x 5 cm lang (je Eierbecher)
- Bohrer, ø 2 mm
- Forstnerbohrer, ø 3,5 cm

VORLAGENBOGEN 3

Serviettenhalter

1 Alle Teile aussägen, die Löcher bohren (ca. 0,5 cm tief) und die Kanten glätten. Den Boden zwischen die Seitenteile leimen. Dazu am besten ein Seitenteil aufrecht in eine Schublade stellen und den Boden im rechten Winkel dazu anlegen. Nach dem Trocknen mit der anderen Seite ebenso verfahren.

2 Alles mit verdünnter weißer Acrylfarbe grundieren. Das weiße Ei mit einem Hauch Grün schattieren. Für das Stroh Gelb mit etwas Weiß und ganz wenig Rot und Blau mischen. Die restliche Farbe etwas abdunkeln und die Häschen damit bemalen. Das Stummelschwänzchen weiß anmalen.

3 Die Hühner mit Weiß, Rot und Gelb gestalten. Nach dem Trocknen mit Lackmalstift die Konturen und Innenlinien nachzeichnen. Den Draht mit einem Stift etwas locken und mit Kraftkleber in den Bohrlöchern befestigen.

Eierhalter

1 Mit dem Forstnerbohrer ein Loch in die Möhre bohren. Danach die restlichen Löcher einbohren und die Kanten glätten. Alle Teile mit verdünnter weißer Acrylfarbe grundieren und trocknen lassen.

2 Für das Orange der Möhre Gelb und etwas Rot mischen. Die Möhre damit bemalen und mit Rot schattieren. Das Grün der Möhre mit Grün und etwas Weiß und Gelb bemalen. Für den Hasen Gelb mit etwas Weiß und ganz wenig Rot und Blau mischen. Das Schwänzchen weiß anmalen.

3 Das Huhn mit Weiß, Gelb und Rot bemalen. Nach dem Trocknen mit Lackmalstift die Konturen und Innenlinien nachzeichnen. Den Draht mit einem Stift etwas locken und mit Kraftkleber in die Bohrungen kleben.

Frohe Ostern!

→ hier ist ein Hase am Werk

MOTIVHÖHE
ca. 20 cm

MATERIAL
- Sperrholz, 6 mm stark, 20 cm x 21 cm
- Acrylfarbe in Weiß, Gelb, Rot, Blau und Dunkelgrün
- halbes Holzei, 2,8 cm x 4 cm
- Nylonfaden, ø 0,3 mm
- Bohrer, ø 1 mm und 4 mm

VORLAGENBOGEN 4

1 Die Kontur und den Innenausschnitt aussägen, die Löcher für die Ei-Aufhängung bohren und die Kanten glätten. Alles mit verdünnter weißer Acrylfarbe grundieren und trocknen lassen.

2 Zuerst das nachgeahmte Holzbrett gestalten. Dafür Gelb mit etwas Rot zu Orange mischen, das Schild damit bemalen und mit etwas Rot und Blau schattieren. Für den Hasen Gelb, Rot und etwas Blau zu Braun vermischen.

3 Die Nase mit Dunkelbraun ausmalen. Das Schwänzchen weiß anmalen und mit Gelb schattieren. Den Pinsel mit Blau, Rot und Weiß gestalten. Die Buchstaben anmalen, dabei am „O“ oben ein Stück aussparen. Das Ei mit Rot, Gelb und Grün bemalen. Die Punkte mit Rot und Weiß schattieren.

4 Nach dem Trocknen mit Lackmalstift die Konturen, Innenlinien, Buchstaben sowie schwarzen Flächen nachzeichnen. Das fertige Holzei mit Nylonfaden am Schild aufhängen.

Tipp: Wenn Sie das Schild im Freien aufhängen wollen, schützen Sie es am besten mit einer Schicht farbloser Dickschichtlasur vor Wind und Wetter.

FROHE
ÖSTERN

Freundlicher Gartenzwerg

→ hütet die Blumen

MOTIVHÖHE
ca. 39 cm

MATERIAL

- Sperrholz, 9 mm stark, 30 cm x 38 cm (Wichtel)
- Sperrholz, 9 mm stark, 18 cm x 26 cm (Bodenplatte)
- Acrylfarbe in Weiß, Gelb, Rot, Hellgrün und Dunkelgrün
- 2 Senkkopfschrauben, ø 3 mm, 1,2 cm lang
- Haken mit Schraubgewinde aus Messing, ø 1,5 cm
- Metalleimer, ø 9 cm, 7 cm hoch
- Bohrer, ø 3 mm

VORLAGENBOGEN 2+3

1 Die Vorderseite des Zwergs auf das Holz übertragen und den Zwerg aussägen. Dann die Vorlage für die Rückseite übertragen. Die Bodenplatte aussägen, die Löcher bohren und die Kanten glätten.

2 Den Wichtel auf die Bodenplatte leimen und mit den Schrauben von unten fixieren. Das Modell von allen Seiten mit verdünnter weißer Acrylfarbe grundieren, trocknen lassen und von beiden Seiten nass in nass bemalen.

3 Die Hautfarbe für Kopf und Hand aus viel Weiß, etwas Gelb und einem Hauch Rot mischen. Hand, Nase, Wangen und Ohren leicht mit Rot schattieren. Für die Latzhose Rot und Gelb zu Orange mischen und auftragen. Die Tasche und die Flicken rot anmalen und gut trocknen lassen. Dann das Karomuster mit Weiß und Orange aufmalen.

4 Die Bodenplatte in Hellgrün bemalen und mit Dunkelgrün, Gelb und Weiß schattieren. Die Schuhe in Dunkelgrün bemalen und mit Hellgrün und Gelb schattieren. Die Mütze rot anmalen und an den Seiten mit Dunkelgrün schattieren.

5 Für das Innere des Glöckchens Rot mit Dunkelgrün mischen. Das restliche Glöckchen sowie den Pullover mit Gelb anmalen und etwas mit Rot schattieren. Nach dem Trocknen Augen, Konturen und Innenlinien mit Lackmalstift nachzeichnen und weiße Lichtflecken in die Augen setzen.

6 Den Haken in das Bohrloch der Hand schrauben. Den Eimer mit Blumen bepflanzen und einhängen.

Tipp: Wenn Sie den Gartenzwerg im Freien aufstellen, sollten Sie ihn unbedingt mit farbloser Dickschichtlasur überziehen, damit er der Witterung besser standhält. Die Unterseite der Bodenplatte dabei nicht vergessen.

Kürbiskinder Kai und Kira

→ herbstliche Pflanzenstecker

MOTIVHÖHE
jeweils ca. 25 cm

MATERIAL
KAI
- Sperrholz, 6 mm stark, 14,5 cm x 25 cm
- Acrylfarbe in Weiß, Gelb, Orange, Blau und Dunkelgrün
- Rundstab, ø 10 mm, 40 cm lang
- 3 Rundkopfstifte aus Messing, 1 mm x 10 mm groß

KIRA
- Sperrholz, 6 mm stark, 20 cm x 25 cm
- Acrylfarbe in Weiß, Gelb, Orange, Blau, Schwarz und Dunkelgrün
- Rundstab, ø 10 mm, 40 cm lang
- 3 Rundkopfstifte aus Messing, 1 mm x 10 mm groß

VORLAGENBOGEN 3

Kai

1 Das Motiv auf das Holz übertragen und aussägen. Die Kanten mit Schleifpapier glätten. Alles mit verdünnter weißer Acrylfarbe grundieren und trocknen lassen.

2 Den Holzstab an einem Ende abflachen. Dazu ein Stabende etwa 3 cm tief einsägen, sodass es in zwei Hälften geteilt wird. Eine der Hälften absägen, die andere mit Holzleim und Rundkopfstiften am Motiv befestigen.

3 Das Motiv nass in nass bemalen. Für das Kürbisorange Gelb und Orange mischen und stellenweise mit Weiß und Gelb aufhellen oder mit etwas Blau abdunkeln. Die Übergänge gut mit dem Pinsel verstreichen.

4 Die Farbe für Gesicht und Arm mit Weiß, etwas Gelb und wenig Orange mischen. Das Braun für Schuhe und Haare aus Gelb und etwas Rot und Blau mischen. Mütze, Socken und Blätter grün anmalen und mit Weiß und Gelb aufhellen. Nach dem Trocknen die Konturen und Innenlinien mit Lackmalstift nachzeichnen.

Kira

1 Das Motiv wie oben in Punkt 1 und 2 beschrieben arbeiten. Dann die Kürbisse wie oben in Punkt 3 bemalen. Die Farbe für Gesicht und Arm mit Weiß, etwas Gelb und wenig Orange mischen. Die braune Farbe der Haare aus Gelb und etwas Rot und Blau mischen.

2 Schuhe und Hut schwarz anmalen und mit Weiß aufhellen. Das Kleid blau färben, an manchen Stellen mit Schwarz abdunkeln oder mit Weiß aufhellen. Das Blatt grün anmalen und mit Weiß und Gelb aufhellen. Das Hutband und den Pompon anmalen. Nach dem Trocknen mit Lackmalstift die Konturen und Innenlinien nachzeichnen.

Tipp: Überziehen Sie die Motive und die Rundholzstäbe mit Dickschichtlasur, das macht sie wetterfest und schützt das Holz vor nasser Blumenerde.

Drei frostige Freunde

→ beim Fensterln

MOTIVHÖHE
ca. 38 cm

MATERIAL
- Sperrholz, 4 mm stark, 21 cm x 25,5 cm
- Acrylfarbe in Weiß, Gelb, Orange, Blau und Grün
- Silberglimmer
- Nylonfaden, ø 0,3 mm
- Bohrer, ø 1 mm

VORLAGENBOGEN 4

1 Das Fenster sowie die vier Schneeflocken aussägen, die Löcher bohren und die Kanten glätten. Alle Teile mit verdünnter weißer Acrylfarbe grundieren und nach dem Trocknen nass in nass bemalen.

2 Das Fenster blau anmalen und mit Weiß aufhellen. Nach dem Trocknen die Schneeflocken sowie die Schneemänner nochmals mit Weiß bemalen. In die noch feuchte Farbe der Schneeflocken Silberglimmer einstreuen. Die Schneemänner nach außen hin etwas mit Blau schattieren.

3 Die Nasen mit Orange bemalen und etwas mit Gelb und Weiß aufhellen. Die Halstücher mit Gelb bzw. Hellgrün und Weiß bemalen. Das Braun für die Leiter mit Gelb, Orange und etwas Blau mischen.

4 Nach dem Trocknen mit Lackstift Augen, Konturen und Innenlinien nachzeichnen. Die Schneeflocken aufhängen und ein Stück Nylonfaden oben als Aufhänger anknoten.

Adventskalender

→ ein Sack voller Überraschungen

MOTIVGRÖSSE
ca. 32 cm (ohne Päckchen)

MATERIAL
- Sperrholz, 6 mm stark, 33 cm x 33 cm
- Acrylfarbe in Weiß, Gelb, Rot, Blau, Grün und Schwarz
- 24 Mini-Wäscheklammern aus Holz
- 24 Filzsterne in Rot, ø 2 cm
- 24 kleine Geschenke
- grünes Geschenkpapier
- rotes Schleifenband
- Goldglimmer
- Paketschnur
- Bohrer, ø 2 mm

VORLAGENBOGEN 1

1 Den Nikolaus aussägen, die Löcher einbohren und die Kanten glätten. Das Motiv mit verdünnter weißer Acrylfarbe grundieren und trocknen lassen.

2 Die braune Farbe aus Gelb, Rot und Blau mischen. Für die Beine und die Innenseite des Sacks die Farbe etwas abdunkeln, für den Rand etwas mit Weiß aufhellen. Die Schuhe schwarz, die Schuhsolen und die Handschuhe grün bemalen und mit Weiß bzw. Schwarz Akzente setzen.

3 Für das Gesicht Weiß mit etwas Gelb und wenig Rot mischen. Mütze, Mantel und Flicken rot bemalen und zu den Rändern hin mit Blau abdunkeln. Bart, Pompon und Manteleinfassungen mit Weiß ausmalen und ebenfalls mit etwas Blau schattieren.

4 Den Knopf, den Ball und das Geschenk mit Rot, Weiß und Gelb bemalen. Nach dem Trocknen die Konturen, Innenlinien und schwarzen Flächen mit Lackmalstift nachzeichnen.

5 Mit Holzleim die Zahlen auf die Filzsterne schreiben und den Goldglimmer einstreuen. Nach dem Trocknen die Sterne auf die Wäscheklammern kleben.

6 Die kleinen Geschenke mit Geschenkpapier und Schleifenband verpacken, mit Paketschnur aneinander reihen und am Sack festknüpfen. Die Wäscheklammern verteilen. Dabei unten mit der 1 beginnen und oben mit der 24 enden.

Himmelsbote Engelbert

→ ein süßer Weihnachtsengel

MOTIVHÖHE
ca. 29,5 cm

MATERIAL
- Sperrholz, 6 mm stark, 30 cm x 22 cm
- Acrylfarbe in Weiß, Gelb, Rot und Blau

VORLAGENBOGEN 2

1 Den Engel aussägen und die Kanten glätten. Das Motiv mit verdünnter weißer Acrylfarbe grundieren und trocknen lassen.

2 Gesicht, Hände, Hals und Beine mit Hautfarbe bemalen. Dazu Weiß mit etwas Gelb und wenig Rot mischen. Das Kleid und die Schuhe blau anmalen und mit Weiß aufhellen.

3 Die Flügel und den Zwischenraum zwischen Kopf und Heiligenschein nochmals mit Weiß bemalen. Die Flügel mit Gelb schattieren (siehe Abbildung). Für den Sternenstab und die Innenseite des Heiligenscheins Gelb mit Rot und Blau zu einem satten Braunton mischen.

4 Auf dem Stab mit Schwarz und Weiß Akzente setzen. Den Heiligenschein und den Stern gelb bemalen und etwas Rot und Weiß einarbeiten. Nach dem Trocknen die Konturen, Innenlinien und das Gesicht mit Lackmalstift nachzeichnen.

Tipp: Sie können den Engel auch an einem Rundstab befestigen und ihn in einen Blumentopf setzen (siehe Anleitung auf Seite 24). Oder Sie geben ihm einen Platz an Ihrem Fenster.

Frohes Fest!

→ Weihnachtsgrüße für die Haustür

MOTIVHÖHE
ca. 17 cm

MATERIAL
- Sperrholz, 6 mm stark, 17 cm x 20 cm
- Acrylfarbe in Weiß, Gelb, Orange, Rot und Blau

VORLAGENBOGEN 2

1 Das Türschild aussägen und die Kanten glätten. Das Schild von allen Seiten mit verdünnter weißer Acrylfarbe grundieren.

2 Die Wolke mit Weiß bemalen und von unten nach oben mit Blau abtönen. Für die Hautfarbe Weiß mit Gelb und ganz wenig Orange mischen. Das Kleid, den Stern und den Heiligenschein gelb anmalen und mit Orange und Rot schattieren.

3 Die Schuhe und das Muster des Kleidchens mit Rot aufmalen, die Schuhe mit etwas Blau zur Sohle hin schattieren. Den Flügel nochmals weiß bemalen und ganz leicht mit Blau schattieren.

4 Nach dem Trocknen Gesicht, Konturen, Innenlinien und Schriftzug mit Lackmalstift nachzeichnen.

Tipp: Mit einem Namen beschriftet wird aus dem Engelchen ein kleiner Schutzengel, der das ganze Jahr über wacht.

DIESES BUCH ENTHÄLT 4 VORLAGENBOGEN

IMPRESSUM

FOTOS: frechverlag GmbH, 70499 Stuttgart; Fotostudio Ullrich & Co., Renningen
DRUCK: frechdruck GmbH, 70499 Stuttgart

Auflage: 5. 4. 3. 2. 1.
Jahr: 2011 2010 2009 2008 2007 [Letzte Zahlen maßgebend]

ISBN 978-3-7724-3585-0
Best.-Nr. 3585